ALNATURA
Kochbuch

Die besten Rezepte unserer Kunden

Dankeschön

Die Rezepte in diesem Buch basieren auf Kundenbeiträgen zum
Alnatura Rezeptwettbewerb „Mein Alnatura 3erlei" (Sommer 2012).
Wir bedanken uns bei allen Kunden, die mitgemacht haben herzlich
für die vielen kreativen und leckeren Ideen.

Liebe Leserinnen und Leser,

dieses Kochbuch enthält 37 Rezepte, die von unseren Kunden stammen. Wir haben die vielen Rezeptideen aus unserem Kundenwettbewerb „Mein Alnatura 3erlei" nachgekocht und teilweise weiterentwickelt. Alle Rezepte sind schnell und einfach zuzubereiten.

Ein „Alnatura Kochbuch von Kunden für Kunden" ist Ausdruck unserer unternehmerischen Initiative. Wir wollen nicht nur die Alnatura Produkte anbieten, die unsere Kunden schätzen, sondern wir wollen unsere Kunden immer stärker zum aktiven Mitgestalten von Alnatura einladen.

Umso größer ist meine Freude, dass die Alnatura Kunden auf vielfache Weise aktiv werden und Alnatura ein individuelles Gesicht geben. Die Kundenbeiträge sind wie die Gewürze, die ein Gericht erst schmackhaft machen.

Ich wünsche Ihnen viel Freude beim Ausprobieren der Kunden-rezepte, Experimentieren und natürlich Genießen dieser Gerichte.

Mit herzlichen Grüßen

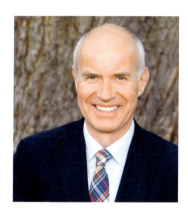

Prof. Dr. Götz E. Rehn
Gründer und Geschäftsführer von Alnatura

Inhalt

SALATE & SUPPEN

PASTA, RISOTTO & CO

* vegan

Wenn nicht anders angegeben, sind alle Rezepte für 4 Personen konzipiert.

GEMÜSE, TOFU & SOJA

FLEISCH & FISCH

SÜSSES

SALATE & SUPPEN

Blattsalat im Parmesankörbchen

mit Kräuterquark

Ganz fein reiben!

ZUTATEN

- 240 g Parmesan
- 200 g Blattsalat
- 2 Tomaten
- 1-2 Karotten
- 4 EL Balsamico bianco
- 4 EL Olivenöl
- Meersalz
- Pfeffer
- 2 TL Agavendicksaft
- 2 EL Sonnenblumenkerne
- einige Stängel frische Kräuter (z. B. Basilikum, Koriander, Petersilie, Schnittlauch)
- 500 g Quark (20 % Fett)

ZUBEREITUNG

1 · Parmesan fein reiben. Jeweils 60 g in einer kleinen Pfanne (ca. 20 cm Durchmesser) dünn ausstreuen und bei mittlerer Hitze von jeder Seite ca. 4-5 Minuten goldbraun braten. Mit dem Pfannenwender herausheben und rasch über eine umgedrehte Müslischale legen. Auskühlen lassen.

2 · Salat waschen und in mundgerechte Stücke schneiden. Tomaten achteln, Karotten schälen und mit dem Sparschäler feine Streifen abziehen. Beides mit dem Salat mischen.

3 · Für das Dressing Essig und Öl mit einem Schneebesen verquirlen und mit Salz, Pfeffer und Agavendicksaft abschmecken.

4 · Sonnenblumenkerne in einer Pfanne ohne Fett anrösten. Kräuter fein hacken.

5 · Quark in einer Schüssel glatt rühren, mit den gehackten Kräutern vermengen und mit Salz und Pfeffer würzen.

6 · Salat in die Parmesankörbchen geben, mit den Sonnenblumenkernen bestreuen und Dressing darüberträufeln. Mit dem Kräuterquark servieren.

ZUBEREITUNGSZEIT

40 Minuten

Taboulé

ZUTATEN

- **200 g Couscous (oder Bulgur)**
- **1 Glas (350 g) Kichererbsen**
- **4-6 Tomaten**
- **1 Zweig frische Minze**
- **60 g Rosinen**
- **200 ml Apfelsaft**
- **200 ml Tomatensaft**
- **Meersalz**
- **schwarzer Pfeffer**
- **etwas Zitronensaft**

ZUBEREITUNG

1 · Couscous mit 3 Tassen kochendem Wasser vermengen und ca. 10 Minuten quellen und abkühlen lassen.

2 · Inzwischen die Kichererbsen auf einem Sieb abtropfen lassen.

3 · Tomaten und Minzblättchen klein schneiden und mit den Rosinen und den Kichererbsen zum Couscous geben. Apfel- und Tomatensaft unterrühren und den Salat mit Salz, Pfeffer und Zitronensaft abschmecken.

ZUBEREITUNGSZEIT

25 Minuten

♡ TIPP!!!
Im Kühlschrank gut durchgezogen schmeckt der Salat am besten.

Salat mit Hokkaido-Kürbis

ZUTATEN

- 2 gelbe Paprikaschoten
- 2 Karotten
- 1 kleiner Hokkaido-Kürbis (ca. 500 g)
- 200 g Cocktailtomaten
- einige Stängel Rosmarin
- Meersalz
- Pfeffer
- 2-3 EL Olivenöl
- 1 Kopfsalat
- 2 EL Sonnenblumenkerne
- 50 g getrocknete Cranberrys

Für das Dressing

- 6 EL Olivenöl
- 4 EL Aceto balsamico
- 2 TL Agavendicksaft
- Meersalz
- Pfeffer

ZUBEREITUNG

1 · Den Backofen auf 180 °C vorheizen.

2 · Paprika und Karotten putzen und in Streifen bzw. Stücke schneiden. Kürbis halbieren, Kerne im Inneren gründlich mit einem Löffel entfernen und Kürbisfleisch mit Schale in Spalten schneiden.

3 · Das Gemüse zusammen mit den Tomaten und dem Rosmarin auf ein mit Backpapier belegtes Backblech geben, mit Salz und Pfeffer würzen und mit Olivenöl beträufeln. Im Backofen 15-20 Minuten schmoren.

4 · Inzwischen Salat waschen und in mundgerechte Stücke teilen.

5 · Sonnenblumenkerne in einer Pfanne ohne Fett leicht anrösten.

6 · Aus Öl, Essig, Agavendicksaft, Salz und Pfeffer ein Dressing anrühren und über den Salat geben. Mit Sonnenblumenkernen und Cranberrys garnieren und zusammen mit dem Kürbisgemüse servieren.

ZUBEREITUNGSZEIT

25 Minuten

Erbsensuppe
mit Meerrettich

*Lecker dazu:
ein Glas Weißwein und
geröstete Baguettescheiben.*

ZUTATEN

- **2 Knoblauchzehen**
- **2 EL Olivenöl**
- **600 g TK-Erbsen**
- **1 l Gemüsebrühe**
- **200 g Sahne**
- **1 TL Rohrohrzucker**
- **2 TL Meerrettich**
- **etwas Zitronensaft**
- **Meersalz**
- **Pfeffer**
- **½ Apfel**
- **½ Avocado**
- **2 getrocknete Datteln**
- **einige Blättchen frisches Basilikum**

ZUBEREITUNG

1 · Knoblauch schälen und fein würfeln. Olivenöl in einem Topf erhitzen. Knoblauch darin glasig dünsten. Erbsen dazugeben und kurz anschwitzen.

2 · Brühe angießen und wenige Minuten köcheln lassen, bis die Erbsen weich sind. Dann vom Herd nehmen und pürieren.

3 · Die Hälfte der Sahne unterrühren. Die Suppe mit Zucker, Meerrettich, Zitronensaft, Salz und Pfeffer abschmecken und weitere 2-3 Minuten köcheln lassen.

4 · Apfel und Avocado in Stückchen schneiden und mit etwas Zitronensaft beträufeln. Datteln in Streifen schneiden. Die restliche Sahne steif schlagen.

5 · Die Suppe auf vier Teller verteilen und mit den Obststückchen, der Sahne und den Basilikumblättchen anrichten.

ZUBEREITUNGSZEIT

25 Minuten

♡ **TIPP!!!**
*Mit Sojasahne lässt sich das schnelle Gericht
ganz einfach auch vegan zubereiten.*

Currysüppchen
aus roten Linsen

Butter

Schmalz

ZUTATEN

- **1-2 Zwiebeln**
- **1 Knoblauchzehe**
- **1 EL Butter oder Ghee (indisches Butterschmalz)**
- **1 Stück frischer Ingwer (ca. 4 cm)**
- **½ rote Chilischote (nach Belieben)**
- **2 TL Currypulver**
- **300 g rote Linsen**
- **1 l Gemüsebrühe**
- **etwas Limettensaft**
- **Meersalz**
- **Pfeffer**
- **4-6 getrocknete Datteln**
- **200 g Feta**

ZUBEREITUNG

1 · Zwiebeln und Knoblauch schälen und fein würfeln. Butter oder Ghee in einem Topf erhitzen und beides darin andünsten.

2 · Ingwer schälen und fein würfeln oder reiben. Nach Belieben die Chilischote entkernen und ebenfalls fein würfeln. Ingwer und Chili zusammen mit dem Currypulver unter Rühren zu den Zwiebeln geben. Linsen dazugeben und kurz mitdünsten.

3 · Gemüsebrühe aufgießen und 10-15 Minuten köcheln lassen, bis die Linsen zerfallen.

4 · Die Suppe pürieren. Bei Bedarf noch etwas Wasser oder Brühe hinzufügen. Mit Limettensaft, Salz und Pfeffer abschmecken.

5 · Datteln in feine Streifen schneiden und etwas davon über die Suppe streuen. Feta grob zerkrümeln und mit den übrigen Dattelstreifen zur Suppe reichen.

ZUBEREITUNGSZEIT

30 Minuten

Rote-Bete-Kokos-Suppe

ZUTATEN

- 500 g Rote Bete
- 2 Frühlingszwiebeln
- 1 Stück frischer Ingwer (ca. 4 cm)
- 1 unbehandelte Orange
- 2 EL Olivenöl
- 400 ml Gemüsebrühe
- 400 ml Kokosmilch
- ½ Zimtstange
- 1 Sternanis
- Meersalz
- Pfeffer
- frische Kräuter zum Garnieren (z.B. Koriander)

ZUBEREITUNG

1 · Rote Bete schälen und in Stücke schneiden.

2 · Frühlingszwiebeln putzen und das Weiße in feine Ringe schneiden. Ingwer schälen und reiben.

3 · Orange heiß waschen und trocken reiben. Die Hälfte der Orangenschale dünn abreiben und den Saft der ganzen Frucht auspressen.

4 · Öl in einem Topf erhitzen. Rote Bete und Frühlingszwiebeln darin andünsten. Mit Gemüsebrühe und Kokosmilch ablöschen.

5 · Ingwer, Orangensaft und -schale, Zimtstange und Sternanis zufügen und zugedeckt 20-25 Minuten köcheln lassen. Mit Salz und Pfeffer abschmecken.

6 · Die Suppe auf vier Teller verteilen und mit frischen Kräutern garnieren.

ZUBEREITUNGSZEIT

30 Minuten

Nicht vergessen: Zimt vor dem Servieren wieder herausnehmen!

PASTA, RISOTTO, & CO

Tiroler Schlutzkrapfen
in Salbeibutter

ZUTATEN

- 500 g Weizenmehl Type 405
- 3 Eier (M)
- Meersalz
- je 1-2 Zweige frischer Liebstöckel und Thymian
- ½ Bund Schnittlauch
- 400 g Frischkäse
- Pfeffer
- 2 Zweige Salbei
- 4-5 EL Butter
- 70 g gehobelter Parmesan (nach Belieben)

Außerdem

- Mehl zum Ausrollen

ACH SO!
Der Begriff Schlutzkrapfen leitet sich von dem Tiroler Wort „schlutzen" ab, was so viel wie „gleiten", „rutschen" bedeutet.

ZUBEREITUNG

1 · Mehl, Eier, 1 TL Salz und etwas lauwarmes Wasser (ca. 100 ml) zu einem glatten, geschmeidigen Teig verkneten. Den Nudelteig in Frischhaltefolie wickeln und ca. 30 Minuten bei Zimmertemperatur ruhen lassen.

2 · Inzwischen Liebstöckel, Thymian und Schnittlauch fein hacken und mit dem Frischkäse vermengen. Die Füllung mit Salz und Pfeffer abschmecken.

3 · Den Nudelteig auf einer mit Mehl bestäubten Arbeitsfläche dünn ausrollen und mit einem runden Gefäß Kreise (Durchmesser ca. 8-9 cm) ausstechen.

4 · Jeweils in die Mitte 1 TL Füllung geben, zusammenklappen und die Ränder mit einer Gabel zusammendrücken.

5 · Die Schlutzkrapfen in einem großen Topf mit leicht köchelndem Salzwasser portionsweise in ca. 4 Minuten garen, bis sie oben schwimmen. Die Schlutzkrapfen mit einer Schaumkelle herausheben und abtropfen lassen.

6 · Für die Salbeibutter Salbeiblättchen abzupfen. Butter in einer Pfanne zerlassen und Salbei darin anbraten.

7 · Die fertigen Schlutzkrapfen zur Salbeibutter geben und noch 3 Minuten darin ziehen lassen. Nach Belieben mit gehobeltem Parmesan servieren.

ZUBEREITUNGSZEIT

50 Minuten

RUHEZEIT

30 Minuten

Ofen-Camembert
auf Dinkel-Spaghettini

ZUTATEN

- **500 g Tomaten**
- **1 Knoblauchzehe**
- **300 g Camembert**
- **4-6 Salbeiblätter**
- **Pfeffer**
- **Meersalz**
- **2 TL Olivenöl**
- **500 g Dinkel-Spaghettini**

ZUBEREITUNG

1 · Backofen auf 220 °C vorheizen.

2 · Tomaten würfeln. Knoblauch schälen und fein hacken.

3 · Beim Camembert die obere Seite mit einem scharfen Messer kreuzweise einschneiden. Die weiße Rinde entfernen, so dass das cremige Innere sichtbar wird und noch ein Rand stehen bleibt.

4 · Camembert in eine ofenfeste Form oder Aluschale setzen und mit Salbeiblättern, Knoblauch und Pfeffer bestreuen. Die Tomatenwürfel um den Käse legen, salzen und pfeffern. Mit etwas Olivenöl beträufeln.

5 · Im Ofen etwa 15-20 Minuten backen, bis das Innere des Käses flüssig ist.

6 · Inzwischen Spaghettini in kochendem Salzwasser al dente kochen und abgießen.

7 · Spaghettini auf Tellern oder in einem Pfännchen anrichten und den gebackenen Camembert mit Tomatenwürfeln daraufsetzen.

ZUBEREITUNGSZEIT

30 Minuten

Tagliatelle
mit grünem Spargel und Roquefort-Sauce

ZUTATEN

- 2 Bund grüner Spargel
- 2 kleine Schalotten
- 2 Knoblauchzehen
- 2 EL Olivenöl
- 4 EL Weißwein (z.B. Chardonnay)
- 200 g Roquefort
- 4 EL Milch
- Meersalz
- Pfeffer
- Muskat
- 500 g Tagliatelle
- 1 Zweig frischer Salbei

ZUBEREITUNG

1 · Spargel im unteren Drittel schälen, die holzigen Enden abschneiden.

2 · Schalotten und Knoblauch schälen, fein hacken und in einer Pfanne mit dem Öl glasig dünsten. Mit Weißwein ablöschen. Roquefort in grobe Stücke schneiden (ca. 2 EL zum Garnieren beiseitestellen) und mit der Milch unter Rühren in die Pfanne geben, bis der Käse geschmolzen ist. Mit Salz, Pfeffer und Muskat würzen.

3 · Tagliatelle in kochendem Salzwasser al dente kochen und abgießen.

4 · Inzwischen in einem großen Topf Salzwasser zum Kochen bringen und die Spargelstangen in ca. 6-8 Minuten bissfest garen. Salbeiblätter in Streifen schneiden.

5 · Tagliatelle und Spargel auf Tellern anrichten und mit der Roquefort-Sauce übergießen. Mit Salbei und restlichem Roquefort garnieren.

ZUBEREITUNGSZEIT

35 Minuten

♡ TIPP: Anstatt den Spargel zu kochen, Spargelstangen einfach in Stücke schneiden und zusammen mit Schalotten und Knoblauch ca. 10 Minuten im Olivenöl anbraten.

Farfalle-Landschinken-Salat

ZUTATEN

- 500 g Vollkorn-Farfalle
- Meersalz
- 200 g Landschinken
- 5 EL Olivenöl
- 2 Knoblauchzehen
- 200 g Mozzarella
- 150 g Cocktailtomaten
- 2 Frühlingszwiebeln
- einige Stängel frisches Basilikum und Petersilie
- 5 EL Crema con Aceto balsamico
- Pfeffer

ZUBEREITUNG

1 · Farfalle in kochendem Salzwasser al dente kochen und abgießen.

2 · Schinken würfeln und mit Olivenöl in einer Pfanne kurz anbraten. Knoblauch schälen, fein hacken und leicht mitrösten.

3 · Farfalle mit der Schinken-Öl-Knoblauch-Mischung vermengen und abkühlen lassen.

4 · Mozzarella würfeln, Cocktailtomaten vierteln, Frühlingszwiebeln putzen und in Ringe schneiden. Basilikum und Petersilie grob hacken. Alles zur Nudelmischung geben.

5 · Balsamico-Creme hinzufügen und den Salat mit Salz und Pfeffer abschmecken.

ZUBEREITUNGSZEIT

25 Minuten

♡ TIPP!!!
Schmeckt auch warm als mediterranes Nudelgericht.

Graupen-Risotto
Rot-Grün

ZUTATEN

- 100 g Rucola
- 5-6 EL Olivenöl
- vorgegarte Rote Bete (ca. 150 g)
- Meersalz
- Pfeffer
- ca. 1 l Gemüsebrühe
- 2 Schalotten
- 2 Knoblauchzehen
- 250 g Perlgraupen
- 1-2 Zweige Thymian
- 2 Lorbeerblätter
- 250 ml Weißwein
- 80 g geriebener Parmesan
- 125 g Mascarpone

ZUBEREITUNG

1 · Rucola waschen und putzen. Einige Blättchen zurückbehalten, den Rest mit 3 EL Olivenöl pürieren und beiseitestellen.

2 · Rote Bete grob würfeln und mit 1 TL Olivenöl pürieren. Das Püree mit Salz und Pfeffer abschmecken und ebenfalls beiseitestellen.

3 · Gemüsebrühe erhitzen und warm halten.

4 · Schalotten und Knoblauch schälen, fein hacken und in einem Topf mit 2 EL Olivenöl anschwitzen. Graupen, Thymian, Lorbeerblätter, Salz und Pfeffer zugeben und kurz mit anschwitzen. Mit Weißwein ablöschen und unter Rühren etwas einkochen lassen.

5 · Den Risotto unter ständigem Rühren nach und nach mit Brühe auffüllen und etwa 30 Minuten köcheln lassen.

6 · Wenn die Graupen bissfest sind, die Thymianstiele und die Lorbeerblätter entfernen. Parmesan und Mascarpone unterrühren.

7 · Die Menge halbieren und mit Rote-Bete- bzw. Rucola-Püree verfeinern. Mit Salz und Pfeffer abschmecken. Grünen Risotto mit Rucola-Blättchen garnieren. Mit etwas geriebenem Parmesan servieren.

ZUBEREITUNGSZEIT

45 Minuten

♡ **TIPP:**
Die Pürees getrennt zum Risotto servieren und den Risotto damit je nach Geschmack verfeinern.

Cremiger Spinat-Risotto

ZUTATEN

- ca. 1 l Gemüsebrühe
- 200 g frischer Spinat
- 1 Zwiebel
- 1 Knoblauchzehe
- 2 EL Butter
- 250 g Risottoreis
- 150 ml Weißwein
- 80 g geriebener Parmesan
- Meersalz
- Pfeffer

ZUBEREITUNG

1 · Gemüsebrühe erhitzen und warm halten.

2 · Spinat waschen, putzen und in feine Streifen schneiden.

3 · Zwiebel und Knoblauch schälen und fein würfeln. Mit der Butter in einem Topf andünsten.

4 · Risottoreis dazugeben und ebenfalls glasig dünsten. Mit Weißwein ablöschen, dabei ständig rühren. Nun immer wieder mit Brühe aufgießen, der Risotto sollte stets mit Flüssigkeit bedeckt sein. Offen bei mittlerer Hitze unter ständigem Rühren 25-30 Minuten köcheln lassen bis der Reis sämig ist.

5 · Kurz vor Schluss die Spinatstreifen dazugeben und fertig garen. Parmesan unter den Risotto rühren, mit Salz und Pfeffer abschmecken. Mit etwas geriebenem Parmesan servieren.

ZUBEREITUNGSZEIT

40 Minuten

♡ TIPP!!!
Der Risotto soll cremig sein,
deshalb nicht mit Flüssigkeit sparen!

Kürbis-Karotten-Risotto aus dem Ofen

ZUTATEN

- 3 EL Pinienkerne
- 1 Bund Petersilie
- 50 g Semmelbrösel
- 80 g geriebener Parmesan
- 3 EL Olivenöl
- 1 mittelgroßer Hokkaido-Kürbis
- 1 EL Butter
- 250 g Risottoreis
- 500 ml Karottensaft
- 250 ml Gemüsebrühe
- 3 EL Limettensaft
- Meersalz
- Pfeffer

ZUBEREITUNG

1 · Pinienkerne in einer Pfanne ohne Fett anrösten. Anschließend grob hacken.

2 · Petersilie fein hacken und 1 TL davon zum Garnieren beiseitestellen.

3 · Für die Käsekrümel Semmelbrösel, Pinienkerne, Petersilie, Parmesan und Olivenöl vermischen.

4 · Backofen auf 200 °C vorheizen.

5 · Kürbis halbieren, Kerne im Inneren gründlich mit einem Löffel entfernen und Kürbisfleisch mit Schale in ca. ½ cm dicke Scheiben schneiden.

6 · Butter in einem Topf erhitzen. Risottoreis darin leicht glasig anschwitzen, mit Karottensaft und Brühe aufgießen. Limettensaft hinzufügen, salzen, pfeffern und einmal aufkochen lassen.

7 · Reis gleichmäßig in einer Auflaufform verteilen. Kürbisspalten darüberschichten und die Käsekrümel darauf verteilen.

8 · 30 Minuten im Ofen garen. Vor dem Servieren die restliche Petersilie über den Auflauf streuen.

ZUBEREITUNGSZEIT

20 Minuten

BACKZEIT

30 Minuten

Vor dem Servieren die Petersilie nicht vergessen!

Polenta-Türmchen mit Roter Bete

ZUTATEN

- 2 Knollen Rote Bete
- Meersalz
- 400 ml Milch
- 700 ml Gemüsebrühe
- 5 TL Butter
- 200 g Polenta (Maisgrieß)
- 100 g Salatkerne-Mix
- 1 Apfel
- 2 Zweige Thymian
- Pfeffer
- 3 EL Olivenöl
- 2 EL Cashewcreme oder weißes Mandelmus

Außerdem

- Backpapier

♡ **TIPP!!!**
Frische Rote Bete hat einen besonders feinen Geschmack, schneller geht's mit vorgegarter Roter Bete!

ZUBEREITUNG

1 · Rote Bete in kochendem Salzwasser je nach Größe ca. 30-60 Minuten garen. Anschließend abgießen und die Schale mit einem Messer abziehen. Rote Bete in 1 cm dicke Scheiben schneiden.

2 · Milch und 400 ml Brühe mit 2 TL Butter aufkochen. Polenta dazugeben und 10 Minuten bei geringer Hitze quellen lassen, zwischendurch umrühren.

3 · Die fertig gequollene Polenta auf einem Backpapier 1 cm dick aufstreichen und auskühlen lassen. Mit einem Plätzchen-ausstecher oder einem Glas Kreise von 8 cm Durchmesser aus-stechen.

4 · Salatkerne in einer Pfanne ohne Fett anrösten, mit etwas Salz mischen und beiseitestellen. Apfel in dünne Scheiben schneiden.

5 · Die Polenta-Kreise in einer Pfanne mit 3 TL Butter knusprig braten. Mit Thymianblättchen, Salz und Pfeffer würzen.

6 · In einer weiteren Pfanne Öl erhitzen und darin die Rote-Bete-Scheiben beidseitig anbraten.

7 · In einem kleinen Topf das Nussmus mit der restlichen Brühe (300 ml) unter Rühren kurz aufkochen.

8 · Abwechselnd je 2 Polenta-Plätzchen, Apfelscheiben und Rote-Bete-Scheiben übereinander schichten. Mit der Nuss-Sauce beträufeln und mit dem Kerne-Mix garnieren.

ZUBEREITUNGSZEIT

40 Minuten

GARZEIT

30-60 Minuten

Kürbis-Grieß-Gnocchi

*Quark & Co
eine Stunde im Kühlschrank
quellen lassen!*

ZUTATEN

- **360 g Weizengrieß**
- **500 g Quark**
- **2 Gläser Brotaufstrich Hokkaido-Kürbis (250 g)**
- **1 Eigelb**
- **Meersalz**
- **Pfeffer**
- **6 EL Butter**
- **1 Bund frische Kräuter**
- **80 g Parmesan**

ZUBEREITUNG

1 · Grieß, Quark, Kürbisaufstrich und Eigelb zu einem Teig verrühren, mit Salz und Pfeffer würzen. Teig 1 Stunde im Kühlschrank quellen lassen.

2 · Mit 2 Teelöffeln Nocken abstechen, zwischendurch die Löffel immer wieder in kaltes Wasser tauchen.

3 · In einem großen Topf Wasser mit etwas Salz aufkochen. Hitze reduzieren und Nocken hineingeben. Köcheln lassen, bis sie an die Oberfläche steigen. Mit einer Schaumkelle herausheben und abtropfen lassen.

4 · Butter in einer Pfanne zerlassen. Kräuter fein hacken und zur Butter geben. Gnocchi in der Kräuterbutter etwas bräunen lassen.

5 · Parmesan hobeln und vor dem Servieren über die Gnocchi streuen.

ZUBEREITUNGSZEIT

30 Minuten

RUHEZEIT

1 Stunde

GEMÜSE, TOFU & SOJA

Auberginen-Bulgur-Lasagne

ZUTATEN

- 2 Auberginen
- Meersalz
- 6 EL Olivenöl
- 200 g Bulgur
- 400 ml Gemüsebrühe
- 4 EL Tomatenmark
- 4 Tomaten
- 1 Zwiebel
- 50 g geriebener Parmesan
- einige Blättchen frisches Basilikum

Außerdem

- Küchenkrepp

Zwiebelringe, schön dünn schneiden!

ZUBEREITUNG

1 · Auberginen waschen und in dünne Scheiben schneiden. Die Auberginenscheiben salzen und mindestens 20 Minuten ziehen lassen. Mit Küchenkrepp abtupfen und in einer Pfanne mit Olivenöl anbraten, bis sie fast gar sind.

2 · Backofen auf 200 °C vorheizen.

3 · Bulgur in der Brühe zum Kochen bringen und in ca. 10 Minuten bei schwacher Hitze bissfest kochen. Tomatenmark unterrühren.

4 · Tomaten in Scheiben schneiden. Zwiebel schälen und in dünne Ringe schneiden.

5 · Auberginen, Bulgur, Tomatenscheiben und Zwiebelringe abwechselnd in eine feuerfeste Form schichten. Am Schluss mit Parmesan bestreuen.

6 · Im Ofen ca. 15 Minuten überbacken.

7 · Vor dem Servieren mit Basilikum-Blättchen garnieren.

ZUBEREITUNGSZEIT

40 Minuten

BACKZEIT

15 Minuten

Mangold-Möhren-Pfanne
mit Hanfsamen

Mais bitte gut abtropfen lassen.

ZUTATEN

- 1 Glas Mais (340 g)
- 400 g Karotten
- 1 Staude Mangold
- 1 kleines Bund Dill
- 2 TL Butter
- Meersalz
- Pfeffer
- 4-6 EL geschälte Hanfsamen

ZUBEREITUNG

1 · Mais in einem Sieb abtropfen lassen.

2 · Karotten putzen, schälen und in Scheiben schneiden. Mangold waschen und putzen, Blätter und Stiele getrennt in Streifen schneiden.

3 · Dill fein hacken.

4 · Karotten und Mangoldstiele in einer Pfanne mit Butter und wenig Wasser zugedeckt ca. 5 Minuten dünsten.

5 · Kurz vor Ende der Garzeit die geschnittenen Mangoldblätter zugeben und weitere 5 Minuten mitgaren.

6 · Mais hinzufügen und heiß werden lassen. Das Gemüse mit Dill, Salz und Pfeffer abschmecken und die Hanfsamen unterrühren.

ZUBEREITUNGSZEIT

25 Minuten

Spinat-Kichererbsen-Eintopf

ZUTATEN

- 2 Gläser Kichererbsen (700 g)
- 1 Zwiebel
- 2-3 Knoblauchzehen
- 2 EL Olivenöl
- 1-2 TL gemahlener Kümmel
- 5-8 Tomaten
- 1 kg frischer Blattspinat
- 3 Stängel Koriander
- 2 EL Zitronensaft
- Meersalz
- Pfeffer

ZUBEREITUNG

1 · Kichererbsen in ein Sieb geben, mit Wasser abspülen und abtropfen lassen.

2 · Inzwischen Zwiebel und Knoblauch schälen und klein hacken, in einem Topf mit Olivenöl glasig dünsten.

3 · Kichererbsen und Kümmel hinzufügen und erhitzen.

4 · Tomaten klein schneiden. Spinat waschen, Blätter klein zupfen und alles zu den Kichererbsen geben. Bei schwacher Hitze ca. 5 Minuten garen.

5 · Korianderblättchen abzupfen und mit dem Zitronensaft unter die Kichererbsen-Gemüse-Mischung rühren. Mit Salz und Pfeffer abschmecken.

ZUBEREITUNGSZEIT

25 Minuten

♡ TIPP:
Dazu passt frisches
Fladenbrot!

Sellerie-Mohn-Schnitzel
mit buntem Karottensalat

ZUTATEN

Für die Schnitzel

- 1 Sellerieknolle (ca. 900 g)
- Meersalz
- 6 EL Polenta (Maisgrieß)
- 6 EL Mehl
- 2 EL Olivenöl mit Zitrone
- 1 TL abgeriebene Zitronenschale
- 80 g geriebener Parmesan
- 2 TL Currypulver
- 2 EL Zitronensaft
- Pfeffer
- 2-3 TL Mohn

Für den Salat

- 70 g Rosinen
- 500 g Karotten
- 800 ml Gemüsebrühe
- 50 g Rucola
- 2 Schalotten
- 4 EL Olivenöl mit Zitrone
- Meersalz
- Pfeffer
- 1 TL Paprikapulver edelsüß
- 1 TL gemahlener Kümmel

Außerdem

- 1 EL Olivenöl für das Blech
- Küchenkrepp

ZUBEREITUNG

1 · Sellerieknolle schälen und 4 handgroße, fingerdicke Scheiben abschneiden. Diese jeweils halbieren, sodass man 8 Scheiben erhält.

2 · 500 ml Salzwasser zum Kochen bringen und die Selleriescheiben darin in 6-7 Minuten bissfest garen. Anschließend auf Küchenkrepp abtropfen lassen.

3 · Für die Panade Polenta, 2 EL Mehl, Öl, Zitronenschale, Parmesan und Currypulver mit Zitronensaft und 100 ml Wasser gut vermengen, sodass eine dickflüssige Masse entsteht. Mit Salz und Pfeffer abschmecken.

4 · Den Backofen auf 180 °C (Umluft) vorheizen. Ein Backblech mit Öl einfetten.

5 · Die gegarten Selleriescheiben im restlichen Mehl (4 EL) wälzen und anschließend in der Panade wenden. Schnitzel auf das Backblech legen, mit Mohn bestreuen und 15 Minuten im Ofen backen.

6 · Inzwischen für den Karottensalat Rosinen in reichlich warmem Wasser einweichen. Karotten schälen und in Scheiben schneiden. In einem Topf Brühe zum Kochen bringen und die Karotten darin in ca. 5 Minuten bissfest garen. Überschüssige Flüssigkeit abgießen.

7 · Rucola putzen, waschen und grob hacken. Schalotten schälen und fein würfeln.

8 · Karotten, Rosinen, Rucola und Schalotten mit Öl in einer großen Schüssel vermischen. Salat mit Salz, Pfeffer, Paprika und Kümmel abschmecken.

9 · Sellerieschnitzel mit dem Karottensalat servieren.

ZUBEREITUNGSZEIT

45 Minuten

♡ TIPP! Wer den Karottensalat lieber klassisch kühl mag, sollte ihn schon früher vorbereiten und kalt stellen.

Gefüllte Zucchini- und Auberginenröllchen

ZUTATEN

- 2 Zucchini
- 2 Auberginen
- Meersalz
- 6 EL Olivenöl
- 250 g Ziegenfrischkäse
- 2-3 Knoblauchzehen
- einige Blättchen frisches Basilikum
- 3 Frühlingszwiebeln
- etwas Zitronensaft oder Balsamico bianco

Außerdem

- Küchenkrepp
- Zahnstocher

Coole Zitrone

♡ TIPP: *Dazu passt Ciabatta oder Baguette*

ZUBEREITUNG

1 · Zucchini und Auberginen längs in ca. ½ cm dünne Scheiben schneiden. Die Auberginen salzen und 20 Minuten ziehen lassen. Dann mit Küchenkrepp trocken tupfen.

2 · Inzwischen den Backofen auf 175 °C vorheizen.

3 · 1-2 EL Öl in einer Pfanne erhitzen, Zucchini- und Auberginenscheiben portionsweise darin anbraten. Immer wieder etwas Öl zugeben. Anschließend auskühlen lassen.

4 · Ziegenfrischkäse auf die Gemüsescheiben streichen.

5 · Knoblauch und Basilikum fein hacken und darauf verteilen. Die Gemüsescheiben vorsichtig aufrollen und jeweils mit einem Zahnstocher feststecken.

6 · Die Röllchen in eine Auflaufform legen. Frühlingszwiebeln waschen, putzen, in feine Ringe schneiden und darüberstreuen. Das Gemüse mit etwas Zitronensaft oder Essig marinieren und mit Frischhaltefolie abgedeckt 2-3 Stunden im Kühlschrank durchziehen lassen.

7 · Die Gemüseröllchen mindestens 30 Minuten vor dem Servieren wieder aus dem Kühlschrank nehmen.

Nicht vergessen!

30

ZUBEREITUNGSZEIT

45 Minuten

KÜHLZEIT

2-3 Stunden

Knusperfladen
mit Tofu und Tomaten

Schnell gemacht und von Kindern heiß geliebt!

ZUTATEN

- 300 g Weizenmehl Type 405
- 1 Knoblauchzehe
- Meersalz
- Pfeffer
- 6-8 EL Olivenöl
- einige Stängel frisches Basilikum, Oregano und Majoran
- 500 g Tofu Natur
- 1 TL Kräuter der Provence
- 400 g Tomaten
- 2 EL Balsamico bianco

ZUBEREITUNG

1 · Für die Fladen Mehl mit ausreichend Wasser verkneten, sodass ein fester Teig entsteht. Knoblauch fein hacken und mit etwas Salz und Pfeffer unter den Teig kneten. Aus dem Teig dünne Fladen (Durchmesser ca. 20 cm) formen. 1 EL Öl in einer Pfanne erhitzen und die Fladen nacheinander auf beiden Seiten knusprig braten.

2 · Die frischen Kräuter grob hacken.

3 · Tofu würfeln und in einer Pfanne mit 2 EL Öl goldgelb anbraten. Anschließend mit Salz, Pfeffer, den frischen Kräutern und Kräutern der Provence würzen.

4 · Tomaten würfeln. Aus Essig und dem restlichen Öl (3 EL) ein Dressing anrühren, mit Salz und Pfeffer abschmecken und mit den Tomatenwürfeln mischen. Tofu dazugeben und mit den gebackenen Fladen servieren.

ZUBEREITUNGSZEIT

35 Minuten

Tomate+ Knobi= lecker!

Orientalische Auberginen-Soja-Pfanne

ZUTATEN

- 150 g Cashewkerne
- 150 g Sojaschnetzel fein
- 450 ml Gemüsebrühe
- 3 Auberginen
- 2 Zwiebeln
- 2 Knoblauchzehen
- 2 EL Sonnenblumenöl
- 1 Prise Rohrohrzucker
- Meersalz
- Pfeffer
- 6 EL Tomatenmark
- 2 TL Kreuzkümmel
- ½ TL Zimt
- 1 TL Chiliflocken (nach Belieben)
- 1 EL Aceto balsamico
- 1 Bund Petersilie
- 200 g Crème fraîche

 ♡ TIPP: Dazu passt Basmatireis!

ZUBEREITUNG

1 · Cashewkerne in einer Pfanne ohne Fett bei mittlerer Hitze goldbraun rösten und beiseitestellen.

2 · Sojaschnetzel nach Packungsangabe in Brühe aufkochen und 10 Minuten quellen lassen.

3 · Inzwischen Auberginen waschen und in etwa 1 cm große Würfel schneiden. Zwiebeln und Knoblauch schälen und fein hacken.

4 · Die Zwiebeln in einer Pfanne mit Öl und Zucker glasig anbraten, dann die Auberginen und den Knoblauch untermischen. Bei mittlerer Hitze ca. 10 Minuten anbraten, dabei gelegentlich umrühren. Das Gemüse mit Salz und Pfeffer würzen.

5 · Aus Tomatenmark, Kreuzkümmel, Zimt, Chili und Essig eine würzige Paste anrühren und unter das Gemüse mischen.

6 · Sojaschnetzel abgießen und mit den Cashewkernen zum Auberginengemüse geben. Bei mittlerer Hitze weitere 10 Minuten garen.

7 · Inzwischen Petersilie waschen und grob hacken. Crème fraîche glatt rühren, mit Salz und Pfeffer abschmecken und etwas Petersilie darüberstreuen. Restliche Petersilie zum Gemüse geben. Bei Bedarf nochmals mit Salz und Pfeffer abschmecken

8 · Die Auberginen-Soja-Pfanne mit Crème fraîche servieren.

ZUBEREITUNGSZEIT

30 Minuten

Knusprige Tofu-Ecken
mit Preiselbeersauce & Nüssen

ZUTATEN

- 150 g Studentenfutter
- 1 Knoblauchzehe
- ½ Bund Petersilie
- Meersalz
- Pfeffer
- 150 g Wild-Preiselbeeren aus dem Glas
- 50 ml Orangensaft
- 400 g Tofu Mandel-Nuss
- 4 EL Mehl
- 8-10 EL Semmelbrösel
- 4-6 EL Sonnenblumenöl

Außerdem

- Pürierstab oder Mixer

ZUBEREITUNG

1 · Studentenfutter fein hacken, Knoblauch schälen und pressen oder sehr fein würfeln. Beides zusammen in einer Pfanne 2 Minuten anrösten. Petersilie waschen, fein hacken und zur Nussmischung geben. Mit Salz und Pfeffer würzen.

2 · Für die Preiselbeersauce Preiselbeeren mit Orangensaft und etwas Salz pürieren.

3 · Den Tofu in 4 bis 6 Scheiben (jeweils ca. 1 cm dick) schneiden und diese diagonal halbieren.

4 · Für die Panade in einem flachen Teller 8 EL kaltes Wasser mit 4 EL Mehl, etwas Salz und Pfeffer zu einer zähflüssigen Masse anrühren. In einen zweiten Teller die Semmelbrösel geben. Jede Tofu-Ecke zuerst in die Mehlmasse tauchen, bis sie gleichmäßig bedeckt ist, danach in den Bröseln wälzen.

5 · Öl in einer Pfanne erhitzen und die panierten Tofu-Ecken portionsweise von beiden Seiten in ca. 6-8 Minuten goldbraun anbraten.

6 · Tofu-Ecken mit der Preiselbeersauce und der Nussmischung servieren.

ZUBEREITUNGSZEIT

40 Minuten

♡ **TIPP:** Dazu passen Nudeln (z.B. Dinkel-Locken)

FLEISCH & FISCH

Spanische Hackbällchen
(Albóndigas)

ZUTATEN

- 3-4 Knoblauchzehen
- 3 EL Paniermehl
- 1 Ei
- 500 g Rinderhackfleisch
- Meersalz
- Pfeffer
- Muskat
- 1 gehäufter EL Mehl
- 1-2 Zwiebeln
- 1 grüne Paprikaschote
- 3 EL Olivenöl
- 175 ml Hühnerbrühe
- 150 ml Rotwein
- 1 Dose Tomatenstücke (400 g)
- 1 EL Tomatenmark
- etwas Cayennepfeffer oder Chiliflocken (nach Belieben)

♡ TIPPS:

Dazu passen geröstete Brotscheiben, die hauchfein mit einer halbierten Knoblauchzehe eingerieben wurden.

∼

Die Fleischbällchen lassen sich mitsamt der Sauce gut einfrieren.

ZUBEREITUNG

1 · Die Hälfte des Knoblauchs durch eine Presse drücken, mit Paniermehl und Ei zum Hackfleisch geben. Mit Salz, Pfeffer und Muskat würzen und alles gründlich vermengen.

2 · Aus der Masse kleine Bällchen formen. Mehl mit etwas Salz und Pfeffer würzen und die Bällchen darin wälzen. Überschüssiges Mehl vorsichtig abklopfen.

3 · Zwiebeln schälen, halbieren und in feine Halbringe schneiden. Die Paprika waschen, putzen und in feine Streifen schneiden.

4 · Olivenöl in einer hohen Pfanne erhitzen und die Fleischbällchen von allen Seiten braun anbraten. Herausnehmen und beiseitestellen.

5 · Zwiebelringe und Paprikastreifen in dem verbliebenen Öl weich dünsten. Hühnerbrühe, Rotwein, Tomatenstücke und Tomatenmark hinzufügen und den restlichen Knoblauch hineinpressen.

6 · Hackbällchen zur Tomatensauce geben. Bei schwacher bis mittlerer Hitze und halb geöffnetem Topfdeckel 40 Minuten köcheln lassen. Dabei sollte die Sauce etwas eindicken. Gelegentlich umrühren.

7 · Sauce mit Salz und Pfeffer abschmecken und nach Belieben mit Cayennepfeffer oder Chiliflocken würzen.

ZUBEREITUNGSZEIT

25 Minuten

GARZEIT

40 Minuten

Sahnegeschnetzeltes
mit Mangold-Bulgur & Minz-Schafjoghurt

ZUTATEN

- 250 g Bulgur
- Meersalz
- 1 großes Bund Mangold
- 3 EL Olivenöl
- 1 TL Fenchelsamen
- 2 TL Kreuzkümmel
- 3 TL Koriandersamen
- 3 EL gemahlene Haselnüsse
- 3 EL Rosinen
- Pfeffer
- Muskat
- 500 g Schweinefleisch
- 1 rote Chilischote
- 2-3 Lorbeerblätter
- 3 EL Rotwein
- 200 g Sahne
- 2 Stängel Minze
- 200 g Schafjoghurt

ZUBEREITUNG

1 · Bulgur mit etwas Salz in der doppelten Menge Wasser aufkochen und im geschlossenen Topf auf der ausgeschalteten Herdplatte 10-15 Minuten quellen lassen.

2 · Inzwischen Mangold waschen und putzen. Stängel und Blätter getrennt in Streifen schneiden.

3 · 2 EL Olivenöl in einer Pfanne erhitzen und die Mangold-stängel fast gar braten.

4 · Fenchelsamen, Kreuzkümmel und Koriandersamen im Mörser zerstoßen. Zusammen mit gemahlenen Haselnüssen, Rosinen und Mangoldblättern in die Pfanne geben und fertig garen. Mit Salz, Pfeffer und Muskat abschmecken.

5 · Gegarten Bulgur unterheben und warm halten.

6 · Schweinefleisch in feine Streifen schneiden. 1 EL Olivenöl in einer Pfanne erhitzen und das Fleisch darin anbraten.

7 · Chilischote waschen, putzen (nach Belieben die Kerne entfernen) und in feine Ringe schneiden. Mit den Lorbeerblättern zum Fleisch geben. Mit Rotwein ablöschen und etwas einkochen lassen. Sahne einrühren und das Geschnetzelte mit Salz und Pfeffer abschmecken.

8 · Minzblättchen hacken und unter den Schafjoghurt rühren. Minz-Joghurt mit dem Mangold-Bulgur zum Geschnetzelten reichen.

ZUBEREITUNGSZEIT

35 Minuten

Hähnchenschenkel Tandoori Masala

ZUTATEN

- **1,2 kg Hähnchenschenkel mit Knochen**
- **500 g Zwiebeln**
- **3 Knoblauchzehen**
- **4-6 TL Tandoori Masala (indische Gewürzmischung)**
- **3 schwarze Kardamom-Kapseln**
- **3 Lorbeerblätter**
- **Meersalz**
- **Pfeffer**
- **3 EL Butter**

ZUBEREITUNG

1 · Hähnchenschenkel im Gelenk halbieren und in eine Auflaufform legen.

2 · Backofen auf 250 °C vorheizen.

3 · Zwiebeln schälen und in Ringe schneiden. Knoblauch schälen und hacken. Beides über die Hähnchenschenkel geben. Tandoori Masala, schwarzen Kardamom und Lorbeerblätter hinzufügen und alles salzen und pfeffern. Butter in Flöckchen darüber verteilen. Hähnchenschenkel, Zwiebeln, Gewürze und Butter in der Form vermengen.

4 · Im Backofen 1 Stunde garen, nach 30 Minuten die Hähnchenschenkel einmal wenden.

5 · Lorbeerblätter und Kardamom vor dem Servieren herausnehmen.

ZUBEREITUNGSZEIT

20 Minuten

GARZEIT

1 Stunde

♡ BEILAGEN - TIPP:
250 g Basmatireis mit 3 grünen, leicht angestoßenen Kardamom-Kapseln, 2 - 3 Nelken und etwas Salz in Wasser nach Packungsanleitung kochen. Nelken und Kardamom herausnehmen. Den Gewürz-Reis zu den Hähnchenschenkeln servieren.

Lachsfilet
auf Süßkartoffel-Rosmarin-Bett

ZUTATEN

- **4 mittelgroße Süßkartoffeln**
- **2 Zweige Rosmarin**
- **3-4 EL Olivenöl**
- **Meersalz**
- **400 g Sahne**
- **Pfeffer**
- **4 küchenfertige Lachsfilets à ca. 100 g (aufgetaut oder frisch)**
- **2 EL Zitronensaft**
- **etwas Kresse und abgeriebene Zitronenschale zum Garnieren (nach Belieben)**

ZUBEREITUNG

1 · Süßkartoffeln schälen und in ca. 5 mm dicke Scheiben schneiden. Rosmarinnadeln abzupfen und grob hacken.

2 · 2 EL Öl in einer Pfanne erhitzen und die Süßkartoffelscheiben ca. 10 Minuten anbraten. Anschließend salzen. Rosmarin zu den Süßkartoffeln geben und die Sahne angießen. Ca. 5 Minuten bei schwacher Hitze köcheln lassen. Mit Salz und Pfeffer abschmecken.

3 · Inzwischen Lachsfilets kalt abspülen und trocken tupfen. Anschließend salzen, pfeffern und mit Zitronensaft beträufeln. Den Fisch in einer zweiten Pfanne in 1-2 EL Öl von jeder Seite anbraten.

4 · Lachsfilets auf den sahnigen Rosmarin-Süßkartoffeln anrichten. Nach Belieben mit Kresse und abgeriebener Zitronenschale garnieren.

ZUBEREITUNGSZEIT

35 Minuten

Garnieren macht Spaß und das Auge darf mitessen.

Marinierte Lachswürfel
mit grünem Spargel & Penne

ZUTATEN

- 4 küchenfertige Lachsfilets à ca. 100 g (aufgetaut oder frisch)
- 3 EL Zitronensaft
- 3 EL Sojasauce
- 400 g Penne
- Meersalz
- 400 g grüner Spargel
- 60 g in Öl eingelegte getrocknete Tomaten
- 1 Knoblauchzehe
- 2 EL Olivenöl
- Pfeffer
- ein paar Zitronenspalten

ZUBEREITUNG

1 · Lachsfilets kalt abspülen, trocken tupfen und in mundgerechte Stücke schneiden. Zitronensaft und Sojasauce verrühren und den Lachs darin marinieren.

2 · Inzwischen Penne in kochendem Salzwasser al dente kochen, abgießen und mit kaltem Wasser abschrecken. Abtropfen lassen.

3 · Spargel waschen, im unteren Drittel schälen und die holzigen Enden abschneiden. Die Spargelstangen in ca. 5 cm lange Stücke schneiden.

4 · Getrocknete Tomaten abtropfen lassen und in kleine Würfel schneiden. Knoblauch schälen und hacken.

5 · Öl in einer großen Pfanne (mit Deckel) erhitzen und den Spargel bei mittlerer Hitze offen in 8-10 Minuten bissfest braten; nach Belieben auch 1-2 Minuten länger. Während der letzten 3 Minuten den Knoblauch mit anbraten.

6 · Abgetropfte Penne und getrocknete Tomaten dazugeben, alles gut vermischen und mit Salz und Pfeffer würzen.

7 · Lachsstücke aus der Marinade nehmen und auf die Nudel-Spargel-Mischung legen. Bei ausgeschaltetem Herd in der geschlossenen Pfanne ca. 5 Minuten ziehen lassen, bis der Fisch gar ist. In einer großen Form mit Zitronenspalten zum Nachwürzen servieren.

ZUBEREITUNGSZEIT

35 Minuten

Gefüllte Forellen
mit Sommergemüse

ZUTATEN

- **4 küchenfertige Forellen à ca. 300 g (aufgetaut oder frisch)**
- **1 Bund grüner Spargel**
- **je 1 rote und gelbe Paprikaschote**
- **2 Karotten**
- **2 Zwiebeln**
- **1 unbehandelte Zitrone**
- **½ Bund Petersilie**
- **4 Zweige Thymian**
- **4 Knoblauchzehen**
- **Meersalz**
- **Pfeffer**
- **4 EL Olivenöl**

Außerdem

- **4 Stücke Pergamentpapier**
- **Öl fürs Papier**

ZUBEREITUNG

1 · Forellen innen und außen kalt abspülen und trocken tupfen.

2 · Spargel waschen, im unteren Drittel schälen und die holzigen Enden abschneiden. Die Spargelstangen in ca. 4 cm lange Stücke schneiden. Paprika waschen, putzen und in dünne Streifen schneiden. Karotten schälen und schräg in Scheiben schneiden. Zwiebeln schälen und in Ringe schneiden. Zitrone heiß waschen, trocken reiben und in dünne Scheiben schneiden. Petersilie fein hacken. Thymianzweige grob zerteilen. Knoblauch schälen.

3 · Backofen auf 180 °C vorheizen.

4 · Papierstücke mit etwas Öl bepinseln. Forellen darauflegen, innen und außen mit Salz und Pfeffer würzen und mit der Petersilie und einem Teil des Gemüses füllen. Restliches Gemüse, Zitronenscheiben, Knoblauchzehen und Thymian jeweils rund um den Fisch auf dem Papier verteilen. Die Forellen mit Öl beträufeln.

5 · Die Päckchen gut verschließen und im Ofen ca. 20 Minuten garen.

ZUBEREITUNGSZEIT

25 Minuten

GARZEIT

20 Minuten

♡ **TIPPS:** Dazu passen Baguette und Salat.

Für die Gemüsefüllung eignen sich auch Lauch, Tomaten oder Staudensellerie. Nach Geschmack kann jeder Fisch anders gefüllt werden.

SÜSSES

Eiliger Kokos-Milchreis

ZUTATEN

- 300 ml Kokosmilch
- 200 ml Milch
- 100 g Reisflocken
- 2 EL Agavendicksaft
- 1 Stück frischer Ingwer (ca. 4 cm)
- 2 EL Rohrohrzucker
- 2 EL Kokosraspeln
- 4 EL Apfelmark mit Mango

ZUBEREITUNG

1 · Kokosmilch und Milch in einem Topf zusammen aufkochen. Reisflocken unter Rühren hinzufügen und 5 Minuten kochen lassen.

2 · Die Herdplatte ausschalten und den Milchreis weitere 10 Minuten ausquellen lassen. Mit Agavendicksaft süßen.

3 · Für den Kokos-Ingwer-Krokant den Ingwer schälen und fein würfeln.

4 · Zucker in einer beschichteten Pfanne karamellisieren lassen, Kokosraspeln und Ingwer unterrühren, vom Herd nehmen und auskühlen lassen.

5 · Milchreis mit Fruchtmark und Krokant anrichten.

ZUBEREITUNGSZEIT

20 Minuten

Zucker

Karamell

Kokos-Schoko-Pralinen

ZUTATEN (für ca. 30 Stück)

- 250 ml Sojadrink Natur
- 3 EL Rohrohrzucker
- 3 EL Weizengrieß
- 200 g Kokosraspeln
- 150 g Bitterschokolade (70 % Kakao)
- 2 EL Kokosfett

Außerdem

- Gitter zum Abtropfen

ZUBEREITUNG

1 · Sojadrink mit Zucker und Grieß unter Rühren aufkochen. Kokosraspeln hinzufügen und abkühlen lassen.

2 · Aus der Kokos-Grieß-Masse mit angefeuchteten Händen ca. 30 Kugeln formen.

3 · Schokolade mit dem Kokosfett im Wasserbad schmelzen. Die Kokoskugeln auf einer Gabel in die flüssige Schokolade tauchen, abtropfen lassen und auf ein Gitter setzen.

4 · Die fertigen Pralinen trocknen lassen.

ZUBEREITUNGSZEIT

35 Minuten

♡ **TIPP:**
Damit die Schokohülle schön knackig bleibt, die Pralinen am besten im Kühlschrank aufbewahren.

Süße Polenta
mit Apfelkompott

ZUTATEN

- 4 Äpfel (z.B. Boskop)
- 4 EL Rohrohrzucker
- 1 Zimtstange
- 500 ml Milch
- 1 Prise Meersalz
- 125 g Polenta (Maisgrieß)

ZUBEREITUNG

1 · Für den Kompott Äpfel schälen, entkernen und in grobe Stücke schneiden. Mit 2 EL Zucker, der Zimtstange und etwas Wasser (ca. 100 ml) in einem Topf ca. 10 Minuten bei mittlerer Hitze zugedeckt dünsten, bis die Äpfel weich sind.

2 · Inzwischen für die Polenta Milch mit restlichem Zucker (2 EL) und Salz in einem Topf zum Kochen bringen. Polenta mit einem Schneebesen einrühren und unter gelegentlichem Rühren bei schwacher Hitze ca. 10 Minuten ausquellen lassen.

3 · Polenta zusammen mit dem Kompott anrichten.

ZUBEREITUNGSZEIT

20 Minuten

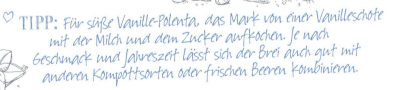

♡ TIPP: Für süße Vanille-Polenta, das Mark von einer Vanilleschote mit der Milch und dem Zucker aufkochen. Je nach Geschmack und Jahreszeit lässt sich der Brei auch gut mit anderen Kompottsorten oder frischen Beeren kombinieren.

Limettensorbet
mit Rosmarin

ZUTATEN

- 180 g Rohrohrzucker
- 1-2 Zweige Rosmarin
- 1 unbehandelte Limette
- 200 ml Limettensaft
- etwas abgeriebene Limettenschale und -scheiben zum Garnieren

Außerdem

- Tee-Ei oder Teebeutel

♡ **TIPP:**
Noch einfacher gelingt das Sorbet in einer Eismaschine.

ZUBEREITUNG

1 · Zucker mit 200 ml Wasser in einem Topf erhitzen und ca. 5 Minuten sprudelnd kochen lassen.

2 · 1-2 TL Rosmarinnadeln in ein Tee-Ei oder einen Teebeutel füllen, restlichen Rosmarin zum Garnieren beiseitelegen. Limette heiß waschen, trocken reiben und die Schale in groben Streifen dünn abschälen.

3 · Rosmarin und Limettenschale zum Zuckersirup geben und 10 Minuten bei niedriger Hitze ziehen lassen, dann wieder entfernen.

4 · Limettensaft mit dem Sirup verrühren. In ein dünnwandiges Glas- oder Metallgefäß geben und abkühlen lassen.

5 · Das Gefäß für mindestens 6 Stunden ins Gefrierfach stellen, dabei mehrfach mit einem Schneebesen umrühren.

6 · Zum Servieren je eine Kugel Sorbet in ein Schälchen geben und mit Rosmarin, etwas abgeriebener Limettenschale und Limettenscheiben garnieren.

ZUBEREITUNGSZEIT

30 Minuten

GEFRIERZEIT

6 Stunden

Quitten-Birnen-Tiramisu
mit Mandelkrokant

*Kekse krümeln –
da helfen sogar die
Kleinen!*

ZUTATEN

- **500 g Quark (40% Fett)**
- **2-3 EL Rohrohr- oder Vollrohrzucker**
- **2 Päckchen Bourbon-Vanillezucker**
- **100 g Dinkel-Butterkekse**
- **2 Gläser Quitte-Birne-Fruchtmark mit Banane (720 g)**
- **3 EL gehobelte Mandeln**
- **Kakaopulver zum Bestäuben**

ZUBEREITUNG

1 · Quark mit 1-2 EL Zucker und Vanillezucker glatt rühren. Ein Drittel davon auf vier Schälchen verteilen.

2 · Butterkekse in Stücke brechen und auf die Quarkschicht legen. Fruchtmark darauf verteilen. Anschließend den restlichen Quark darüber geben.

3 · Die Tiramisu 3-4 Stunden kalt stellen.

4 · Für den Mandelkrokant 1 EL Zucker mit 1 EL Wasser in einer beschichteten Pfanne karamellisieren lassen und die Mandeln unterrühren. Den Krokant auf Backpapier verteilen und abkühlen lassen.

5 · Die Tiramisu mit etwas Kakao und dem Mandelkrokant bestreut servieren.

ZUBEREITUNGSZEIT

30 Minuten

KÜHLZEIT

3-4 Stunden

Chai-Schoko-Creme

Leckere Kombination:
Chai + dunkle Schokolade

70%

ZUTATEN

- **200 ml Chai-Tee**
- **120 g Rohrohrzucker**
- **100 g dunkle Schokolade**
- **350 g Quark**
- **1 Stück frischer Ingwer (ca. 3 cm)**
- **etwas Zimt zum Bestäuben**

Außerdem

- **Backpapier**

ZUBEREITUNG

1 · Chai-Tee nach Packungsanweisung zubereiten.

2 · In einem Topf den Tee mit 50 g Zucker aufkochen. Ca. 5 Minuten bei starker Hitze unter ständigem Rühren einkochen lassen.

3 · Schokolade in Stücke brechen und im Wasserbad schmelzen.

4 · Den Quark glatt rühren. Geschmolzene Schokolade und Chai-Sirup unterrühren.

5 · Die Creme auf Portionsgläser verteilen und im Kühlschrank 3-4 Stunden kühl stellen.

6 · Inzwischen Ingwer fein hacken. Restlichen Zucker in einer beschichteten Pfanne karamellisieren lassen. Ingwer zugeben. Die Masse dünn auf Backpapier streichen und auskühlen lassen.

7 · Von der Karamellplatte Ecken abbrechen. Die Creme mit Zimt bestäuben und mit dem Ingwer-Karamell garniert servieren.

ZUBEREITUNGSZEIT

35 Minuten

KÜHLZEIT

3-4 Stunden

Cranberry-Vanille-Muffins
mit Honig-Joghurt

ZUTATEN (für 12 Stück)

Für den Teig

- 2 Eier (M)
- 60 g Puderzucker
- 2 TL Akazienhonig
- Mark von 1 Vanilleschote
- 80 ml neutrales Pflanzenöl (z.B. Sonnenblumenöl)
- 300 g Weizenvollkornmehl
- 2 gehäufte TL Backpulver
- 170 ml Milch
- 200 g Cranberrys
- Puderzucker zum Bestäuben

Für den Honig-Joghurt

- 200 g griechischer Sahnejoghurt
- 1-2 EL Zitronensaft
- 2-3 TL Akazienhonig

Außerdem

- 12er Muffinblech
- 12 Papierförmchen oder Fett für das Blech

ZUBEREITUNG

1 · Backofen auf 180 °C (Umluft 160 °C) vorheizen.

2 · Je ein Papierförmchen in die Vertiefungen des Muffinblechs setzen oder die Mulden einfetten.

3 · Eier mit Puderzucker, Honig, Vanillemark und Öl schaumig rühren. Mehl und Backpulver mischen und portionsweise abwechselnd mit der Milch einrühren, bis ein glatter Teig entsteht. Zum Schluss die Cranberrys unterheben.

4 · Den Teig in die Blechvertiefungen füllen. Die Muffins im Ofen auf mittlerer Schiene in ca. 25 Minuten goldbraun backen. Auf einem Kuchengitter kurz abkühlen lassen und aus der Form lösen. Nach Belieben mit etwas Puderzucker bestäuben.

5 · Joghurt mit Zitronensaft und Honig glatt rühren und zu den lauwarmen Muffins servieren.

ZUBEREITUNGSZEIT

15 Minuten

BACKZEIT

25 Minuten

♡ TIPP: Wer mag, hebt noch gehackte Nüsse (z.B. Walnüsse oder Haselnüsse) unter den Teig.

Schwarz-Weiß-Popcorn

Mais

Popcorn

ZUTATEN

- **100 g Popcornmais**
- **60 g Rohrohrzucker**
- **100 g Vollmilch- oder Zartbitterschokolade**
- **6 EL neutrales Pflanzenöl (z.B. Sonnenblumenöl)**

ZUBEREITUNG

1 · Popcornmais mit dem Zucker vermengen.

2 · Schokolade in Stücke brechen und im Wasserbad schmelzen.

3 · Das Öl in einen breiten Topf oder eine breite Pfanne mit Deckel geben, sodass der Boden ganz bedeckt ist, und auf höchster Stufe erhitzen.

4 · Die Mais-Zucker-Mischung hinzugeben und mit einem Kochlöffel gleichmäßig auf dem Boden verteilen. Die Maiskörner sollten nicht übereinander liegen. Den Deckel sofort schließen. Sobald der Mais anfängt zu poppen, die Herdplatte ausschalten.

5 · Den Topf oder die Pfanne immer wieder schütteln solange die Maiskörner aufplatzen. Wenn keine Körner mehr platzen, Topf oder Pfanne vom Herd nehmen und das Popcorn in zwei große Schüsseln füllen.

6 · Die Hälfte des Popcorns mit der geschmolzenen Schokolade mischen und kurz in das Gefrierfach stellen, bis die Schokolade fest ist.

ZUBEREITUNGSZEIT

15 Minuten

Register

* vegan

Impressum

Herausgeber
Alnatura Produktions- und Handels GmbH,
Darmstädter Straße 63, D-64404 Bickenbach, www.alnatura.de

Projektleitung
Viktoria Hübner, Sabine Stübner (Alnatura)

Fotos
Oliver Brachat

Foodstyling
Christoph Maurer

Fotoassistenz
Steffi Neff

Lektorat
Monika Klingemann

Korrektorat
Christina Niemann

Gestaltung
Ute Marquardt, designgruppe schloss+hof, Wiesbaden

Illustration
Katrin Wolff, Wiesbaden

Litho
yellow4media GmbH, Darmstadt

Druck und Bindung
ColorDruck, Leimen

Verlag
abcverlag GmbH,
Waldhoferstraße 19, 69123 Heidelberg, www.abcverlag.de

ISBN 978-3-938833-58-2

1. Auflage März 2013